經典
少年遊

014

清太祖努爾哈赤

滿清的奠基者

Nurhaci
The Founder of the Ch'ing Dynasty

繪本

故事◎李光福
繪圖◎蘇偉宇

努爾哈赤出生於建州左衛的赫圖阿拉城。建州左衛是明朝為女真族在圖們江流域設置的一個衛所。父親是塔克世，母親是喜塔拉氏。努爾哈赤儀表雄偉，個性沉著穩重。他說話的聲音像洪鐘一般，而且頭腦聰明，過目不忘。

有一次，明朝總兵李成梁帶兵攻打古勒城，努爾哈赤和弟弟隨著祖父、父親去探視。圖倫城城主尼堪外蘭誘使古勒城主阿太章京打開城門，讓李成梁進城。李成梁進城之後，大舉屠城，努爾哈赤的祖父和父親也被殺害。

努ㄋㄨˇ爾ㄦˇ哈ㄏㄚ赤ㄔˋ和ㄏㄜˊ弟ㄉㄧˋ弟ㄉㄧ躲ㄉㄨㄛˇ在ㄗㄞˋ敗ㄅㄞˋ軍ㄐㄩㄣ之ㄓ中ㄓㄨㄥ，
被ㄅㄟˋ李ㄌㄧˇ成ㄔㄥˊ梁ㄌㄧㄤˊ的ㄉㄜ妻ㄑㄧ子ㄗˇ發ㄈㄚ現ㄒㄧㄢˋ，
她ㄊㄚ對ㄉㄨㄟˋ努ㄋㄨˇ爾ㄦˇ哈ㄏㄚ赤ㄔˋ說ㄕㄨㄛ：
「我ㄨㄛˇ看ㄎㄢˋ你ㄋㄧˇ儀ㄧˊ表ㄅㄧㄠˇ不ㄅㄨˋ凡ㄈㄢˊ，
將ㄐㄧㄤ來ㄌㄞˊ一ㄧ定ㄉㄧㄥˋ有ㄧㄡˇ大ㄉㄚˋ作ㄗㄨㄛˋ為ㄨㄟˋ，你ㄋㄧˇ趕ㄍㄢˇ快ㄎㄨㄞˋ走ㄗㄡˇ吧ㄅㄚ！」。
被ㄅㄟˋ偷ㄊㄡ偷ㄊㄡ放ㄈㄤˋ走ㄗㄡˇ後ㄏㄡˋ，努ㄋㄨˇ爾ㄦˇ哈ㄏㄚ赤ㄔˋ回ㄏㄨㄟˊ建ㄐㄧㄢˋ州ㄓㄡ途ㄊㄨˊ中ㄓㄨㄥ，
遇ㄩˋ到ㄉㄠˋ額ㄜˊ亦ㄧˋ都ㄉㄨ，兩ㄌㄧㄤˇ人ㄖㄣˊ結ㄐㄧㄝˊ為ㄨㄟˋ好ㄏㄠˇ友ㄧㄡˇ。

努爾哈赤安全回到家鄉，
派使者質問李成梁：
「為什麼殺害我的祖父和父親？」
李成梁知道理虧，請使者轉達：
「我把他祖父和父親的遺體還給他，
也把土地和人馬給他，
並讓他擔任都督指揮，作為補償吧！」

「尼堪外蘭是我們的仇人，
請把他交出來。」使者要求。
李成梁搖頭說：「這個我不能答應。」

為ㄨㄟˋ了ㄌㄜ˙報ㄅㄠˋ仇ㄔㄡˊ， 努ㄋㄨˇ爾ㄦˇ哈ㄏㄚ赤ㄔˋ決ㄐㄩㄝˊ定ㄉㄧㄥˋ討ㄊㄠˇ伐ㄈㄚ尼ㄋㄧˊ堪ㄎㄢ外ㄨㄞˋ蘭ㄌㄢˊ。
尼ㄋㄧˊ堪ㄎㄢ外ㄨㄞˋ蘭ㄌㄢˊ知ㄓ道ㄉㄠˋ努ㄋㄨˇ爾ㄦˇ哈ㄏㄚ赤ㄔˋ要ㄧㄠˋ殺ㄕㄚ他ㄊㄚ，
就ㄐㄧㄡˋ四ㄙˋ處ㄔㄨˋ奔ㄅㄣ逃ㄊㄠˊ， 一ㄧˋ路ㄌㄨˋ逃ㄊㄠˊ到ㄉㄠˋ鵝ㄜˊ爾ㄦˇ渾ㄏㄨㄣˊ。

11

努ㄋㄨˇ爾ㄦˇ哈ㄏㄚ赤ㄔˋ回ㄏㄨㄟˊ建ㄐㄧㄢˋ州ㄓㄡ後ㄏㄡˋ，
曾ㄘㄥˊ和ㄏㄜˊ嘉ㄐㄧㄚ木ㄇㄨˋ瑚ㄏㄨˊ城ㄔㄥˊ主ㄓㄨˇ結ㄐㄧㄝˊ盟ㄇㄥˊ。
不ㄅㄨˋ久ㄐㄧㄡˇ後ㄏㄡˋ，城ㄔㄥˊ主ㄓㄨˇ被ㄅㄟˋ殺ㄕㄚ了ㄌㄜ。
為ㄨㄟˋ了ㄌㄜ幫ㄅㄤ他ㄊㄚ報ㄅㄠˋ仇ㄔㄡˊ，
努ㄋㄨˇ爾ㄦˇ哈ㄏㄚ赤ㄔˋ攻ㄍㄨㄥ打ㄉㄚˇ翁ㄨㄥ克ㄎㄜˋ洛ㄌㄨㄛˋ城ㄔㄥˊ，
遭ㄗㄠ鄂ㄜˋ爾ㄦˇ果ㄍㄨㄛˇ尼ㄋㄧˊ和ㄏㄜˊ羅ㄌㄨㄛˊ科ㄎㄜ用ㄩㄥˋ箭ㄐㄧㄢˋ射ㄕㄜˋ傷ㄕㄤ。

他攻下翁克洛城後，
認為鄂爾果尼和羅科是勇士，
不管他們曾使他重傷，
還給予官階和賞賜。

努_{ㄋㄨˊ}爾_{ㄦˇ}哈_{ㄏㄚ}赤_{ㄔˋ}聽_{ㄊㄧㄥ}說_{ㄕㄨㄛ}尼_{ㄋㄧˊ}堪_{ㄎㄢ}外_{ㄨㄞˋ}蘭_{ㄌㄢˊ}躲_{ㄉㄨㄛˇ}在_{ㄗㄞˋ}鵝_{ㄜˊ}爾_{ㄦˇ}渾_{ㄏㄨㄣˊ}，立_{ㄌㄧˋ}刻_{ㄎㄜˋ}帶_{ㄉㄞˋ}兵_{ㄅㄧㄥ}前_{ㄑㄧㄢˊ}往_{ㄨㄤˇ}，將_{ㄐㄧㄤ}城_{ㄔㄥˊ}攻_{ㄍㄨㄥ}下_{ㄒㄧㄚˋ}，卻_{ㄑㄩㄝˋ}沒_{ㄇㄟˊ}有_{ㄧㄡˇ}看_{ㄎㄢˋ}到_{ㄉㄠˋ}尼_{ㄋㄧˊ}堪_{ㄎㄢ}外_{ㄨㄞˋ}蘭_{ㄌㄢˊ}。後_{ㄏㄡˋ}來_{ㄌㄞˊ}，他_{ㄊㄚ}探_{ㄊㄢˋ}聽_{ㄊㄧㄥ}到_{ㄉㄠˋ}尼_{ㄋㄧˊ}堪_{ㄎㄢ}外_{ㄨㄞˋ}蘭_{ㄌㄢˊ}逃_{ㄊㄠˊ}到_{ㄉㄠˋ}明_{ㄇㄧㄥˊ}朝_{ㄔㄠˊ}的_{ㄉㄜ˙}領_{ㄌㄧㄥˇ}土_{ㄊㄨˇ}，派_{ㄆㄞˋ}人_{ㄖㄣˊ}向_{ㄒㄧㄤˋ}明_{ㄇㄧㄥˊ}朝_{ㄔㄠˊ}邊_{ㄅㄧㄢ}境_{ㄐㄧㄥˋ}的_{ㄉㄜ˙}官_{ㄍㄨㄢ}吏_{ㄌㄧˋ}要_{ㄧㄠˋ}人_{ㄖㄣˊ}，殺_{ㄕㄚ}了_{ㄌㄜ˙}尼_{ㄋㄧˊ}堪_{ㄎㄢ}外_{ㄨㄞˋ}蘭_{ㄌㄢˊ}，終_{ㄓㄨㄥ}於_{ㄩˊ}報_{ㄅㄠˋ}了_{ㄌㄜ˙}仇_{ㄔㄡˊ}。

努爾哈赤的勢力越來越強大後，
屬於女真部落之一的葉赫貝勒
將妹妹嫁給他，並向他要土地，
但努爾哈赤不給。
葉赫得不到努爾哈赤的特別照顧，
聯合其他女真部落，
總共三萬名士兵來攻打。
努爾哈赤命令額亦都帶一百人應戰，
將敵兵打得大敗。

接下來的幾年，
努爾哈赤先後出兵討伐女真部落。
經過多場的征戰，
終於逐一收服女真部落。
現在，他的主要敵人剩下明朝了。

19

此時，

努爾哈赤的妻子葉赫那拉氏去世了。

當她生病時，要求哥哥葉赫貝勒：

「我不久於世了，讓我見母親一面吧！」

葉赫貝勒說：

「我和你丈夫間的仇恨還沒解決，

不可能讓你見母親。」

她見不到母親，於是含悲去世。

後來，努爾哈赤的兒子皇太極結婚，
明朝派使者來道賀。
由於當時女真與明朝之間劍拔弩張，
努爾哈赤看到使者恭恭敬敬，
擔心他們耍詐，趁機對女真不利，就說：
「回去告訴你們巡撫，別想使什麼詐術。」
明朝使者只好自討沒趣的離開。

努爾哈赤本想傳位給大兒子褚英，
但大臣與褚英的兄弟
都不喜歡褚英的行為，
向努爾哈赤告狀。
努爾哈赤查明後，解除了褚英的兵權。
褚英非常氣憤，詛咒大臣和兄弟，
又被人知道，於是被努爾哈赤囚禁。

天命元年，努爾哈赤即帝位，定國號為後金。他對額亦都、費英東、何和里、扈爾漢，安費揚古說：「你們因為征戰有功，我命你們為開國五大臣，和我一起同聽國政。」接著，又命皇太極等人為貝勒。

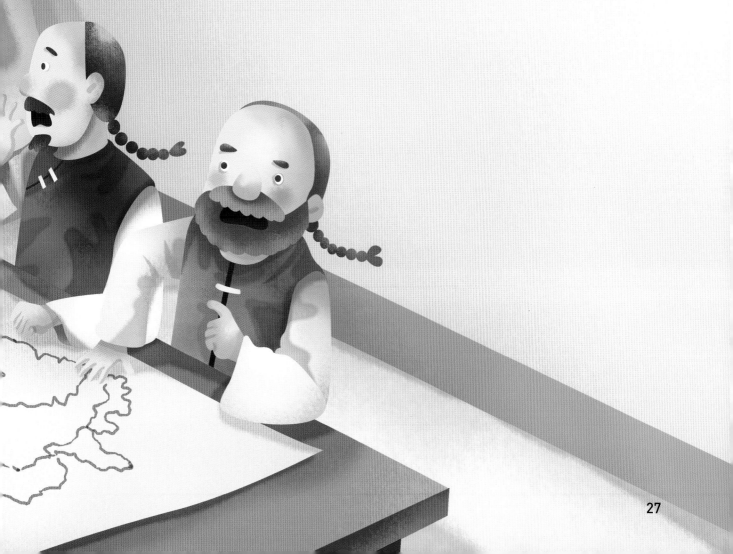

三年後，努爾哈赤頒布兵法，
並且以明朝殺了他的祖父和父親，
欺壓建州女真等「七大恨」，
作為反叛明朝的理由，起兵反明。

29

隔年，努爾哈赤帶兵討伐葉赫女真。
明朝派使者前來要求停止出兵，
努爾哈赤沒答應。
接著，明朝召集二十萬大軍，
並徵集葉赫女真、朝鮮等軍隊，
分頭進攻。
努爾哈赤率兵迎敵，大破明軍，
取得決定性的勝利。

接著，

努爾哈赤大舉出兵討伐明朝，進攻瀋陽。

雖然瀋陽防禦完備，但還是被他攻下。

接著，他又乘勝進攻遼陽。

攻破遼陽進城後，

遼陽人紛紛擊鼓奏樂，夾道歡迎，

「萬歲！」「萬歲！」的高呼著。

三年後，

努爾哈赤繼續出兵討伐明朝，進攻廣寧。

明朝派了三萬名軍隊抵抗，

仍然被努爾哈赤擊敗，

只得一路撤退到山海關，

明朝皇帝縱使生氣，也無法挽回。

不久，大臣何和里去世了。
至此，開國五大臣額亦都、費英東、
何和里、扈爾漢，安費揚古都死了。
努爾哈赤聽到何和里去世的消息，
痛哭流涕的說：
「上天為什麼不留
其中一個人陪我到老呢？」

又過兩年，
努爾哈赤領兵進攻明朝的寧遠。
明朝守將袁崇煥和其他將領堅守城池，
並以西洋炮攻擊。

「我軍敵不過西洋炮的攻擊，
情勢不利，還是退兵吧！」部下建議。
努爾哈赤也受了傷，
只好退回瀋陽。

後來， 努爾哈赤的病情加重，
到清河湯泉療養，
但病情卻越來越嚴重。
他急著想回到國都瀋陽，
卻在乘船的途中，
撐不下去而過世了，
享年六十八歲。
他在位的時間雖然
只有短短的十一年。
卻為日後統治中國
近三百年的清朝，
奠定了厚實的基礎。

清太祖努爾哈赤

滿清的奠基者

讀本

原典解説◎李光福

清朝統治中國將近三百年，當年從無到有，是努爾哈赤的功勞。讓我們來看看這位雄才大略的君主的一生。

努爾哈赤的十四子，皇太極之弟。在皇太極死後成為攝政王，扶持皇太極的兒子福臨繼位為順治帝。在他的輔佐下，清軍入關消滅了明朝並統一中原，順治帝甚至尊稱他為「皇父攝政王」。多爾袞在與明朝的松錦之戰中勞累過度，後來在一次狩獵中墜馬，發病不治。

TOP PHOTO

相關的人物

多爾袞

努爾哈赤

努爾哈赤（1559～1626年），滿族人，後金的開國主，清朝的主要奠基者。他在短時間內迅速竄起，統一當時互相敵對的葉赫、哈達、烏拉、輝發等女真部落，又在薩爾滸一戰殲滅了明朝的六萬大軍。雖然在寧遠之戰敗退，但是已經奠定清朝征服中原的基業。

皇太極

努爾哈赤第八個兒子，母親為葉赫那拉氏。現在學者多認為皇太極只是他的稱號，本名應該是黑還勃列。皇太極繼承皇位後，逼迫朝鮮投降，並打敗了明朝大將洪承疇，瓦解明朝的邊防力量。後來他改國號為大清，即位成為清朝的實際建立者。

熊廷弼

熊廷弼是繼李成梁、袁崇煥之後，負責率兵鎮守遼東，抵禦後金的將領。他在遼東建設城牆七百餘里與多座堡壘，對抗努爾哈赤，暫時穩住遼東局勢。可惜他遭到誣陷，一度被罷官。之後明朝的邊防更是兵敗如山倒，最終熊廷弼仍被處死。

毛文龍

明末抵抗後金的名將，鎮守鴨綠江口的皮島，牽制努爾哈赤進攻朝鮮的企圖，被譽為「海上長城」。儘管他多次戰勝，最後卻被袁崇煥祭出尚方寶劍，宣布十二大罪而斬首。毛文龍之死，原因眾說紛紜，也埋下袁崇煥自己被殺的伏筆。

李成梁

李成梁是明朝晚期的大將，鎮守中國東北邊疆三十多年，戰功十分卓著。但是他在一次混戰中誤殺努爾哈赤的親人，埋下日後反抗明朝的仇恨。李成梁威名顯赫，掌握兵權，卻生活奢侈，引起朝廷注意，最後被彈劾而罷官。

袁崇煥

明朝晚期鎮守山海關的大將。他構築了一道從山海關經寧遠至錦州的「關寧錦防線」，在努爾哈赤強大的兵威之下，仍多次擊敗後金部隊。但是他因為擅殺另一名邊防大將毛文龍，並擅自與後金議和等罪名，被凌遲處死，明朝也喪失了邊防的力量。

努爾哈赤在危機四伏的環境中成長，卻擊敗了強大的鄰居。當明朝逐漸走向衰亡時，清朝的力量興起了。

1583 年

努爾哈赤的祖父名叫覺昌安，父親名叫塔克世。當時古勒山的寨主阿太章京反抗明朝，李成梁帶兵圍剿。努爾哈赤的父親與祖父領兵前去觀望，結果在亂軍中被誤殺。這件事促成了努爾哈赤日後起兵，向明朝復仇。

1587 年

圖倫城主尼堪外蘭，當年在李成梁進攻古勒山的時候，誘騙古勒城主打開城門，間接使得努爾哈赤的父祖雙亡。因此，努爾哈赤興兵復仇，攻取鵝爾渾，捉殺尼堪外蘭。尼堪外蘭敗逃至明朝領地，但被李成梁押還，隨即遭到處決。此役努爾哈赤解決心腹之患，藉機壯大，對日後統一全女真部落、建立後金有關鍵性的影響。

1593 年

當努爾哈赤勢力不斷擴張時，葉赫等其他女真部族無法坐視不管。在威脅、索求土地不成後，便轉而採取軍事手段，結合九個部的女真族人聯軍，發動古勒山之戰。努爾哈赤孤立無援，獨戰九部群雄，先誘騙敵人之後，再集中力量一舉擊潰。從此努爾哈赤威名大震滿洲，其他女真部落再也不敢隨意反抗。

父祖雙亡

攻取鵝爾渾

相關的時間

古勒山之役

建立後金

1616 年

當明朝還在為立誰為皇太子的建儲問題爭論不休，努爾哈赤這時已經歷了三十多年的奮鬥，統一大部分女真部落。於是這一年的正月初一，他在赫圖阿拉即位，被尊為大英明汗，國號後金，年號天命元年。他創立了八旗、制滿文、建都城，奠定立國規模，是日後清朝命運的一大轉捩點。

七大恨

1618 年

努爾哈赤建立後金之後三年，首度公開對明朝宣戰，率領兩萬步騎進攻明朝。出征前，他按照女真習俗舉行祭天儀式，在〈告天書〉中痛斥對明朝的「七大恨」，內容不僅限於父祖之仇，還包括許多政治意義。從此明、後金雙方決裂，進入長期戰爭狀態。上圖為「七大恨」木刻榜。

薩爾滸
之役

1619 年

薩爾滸之戰，是後金與明朝在薩爾滸（今遼寧省撫順市）進行的一場大戰。努爾哈赤率兵攻下撫順，驚動了明朝，大舉出兵。明軍由杜松等將率領，分為四路進兵，遭努爾哈赤各路擊破，死傷慘重。明朝自此失去大半遼東領土，山海關外只剩少數土地可供防禦。右圖為滿族編年史中的插圖，描繪努爾哈赤率兵追逐明朝步兵的景象。

寧遠之戰

1626 年

此戰是明朝與後金的一場戰爭，也是明朝首度戰勝後金。努爾哈赤率十三萬人進攻寧遠城，袁崇煥率一萬人守城。他在城池上布置十一門紅夷大炮，炮火到處所向披靡，迫使後金撤兵。戰勝後，袁崇煥並未貪功追擊，反而遣使與後金議和。

奇妙的滿文、神秘的薩滿、凶猛的大炮、八旗制度……它們是怎麼出現在滿人生活中的呢？

女真人原本沒有自己的文字，平常溝通都使用蒙古文與漢文。努爾哈赤建國後，為了傳達宣布政令，便於統一與管理，因此下令借用蒙古文創造滿文，是為「老滿文」。後來老滿文又經過改良，成為清朝的官方語言。清朝前期的奏摺、公報等都用滿文書寫，並經常和漢文兩種文字並用。到後期才逐漸被漢文取代。

喇嘛教是藏傳佛教的俗稱。喇嘛在藏傳佛教中，是上師、上人的意思，是對佛教僧侶的尊稱。努爾哈赤建立後金之後，為了收服周邊的蒙古族人，便開始崇信由蒙古傳來的喇嘛教，並下令以它為國教。

人參，多年生草本植物，是中藥中極佳的滋補保健藥材。中國東北，尤其長白山一帶盛產人參，也是朝鮮與女真人貿易的主要貨物之一。努爾哈赤發明了人參煮晒法，不再遵循傳統將人參浸濕的製作方式，更有利於長期保存，販賣到更遠的地方。

滿文

喇嘛教

人參

相關的事物

紅夷大炮

紅夷大炮是明朝晚期從葡萄牙人處購得的加農炮，又稱為西洋炮。袁崇煥運用這種武器，在寧遠一戰轟傷努爾哈赤，取得勝利。後金人痛定思痛，從俘虜的工匠身上學會自製大炮的辦法，但是因為「夷」字犯了後金人的忌諱，便改稱為「紅衣大炮」，在進攻明朝時發揮強大威力。左圖為遼寧興城古城的紅夷大炮。

薩滿是一種萬物有靈的信仰，號稱一切宗教之母。薩滿巫師的職能是替族人治病，並且與不可見的精靈、神明溝通，有時也擔任處理族中糾紛的長老。女真人原本崇信薩滿，但是在努爾哈赤令定喇嘛教為國教後，薩滿信仰轉入民間。不過在官方還是可以看到薩滿信仰的影子，在清朝的坤寧宮，仍是供奉薩滿的神殿。右圖為薩滿服飾，內蒙古呼倫貝爾市敖魯古雅鄂溫克族馴鹿文化博物館藏。

TOP PHOTO

薩滿信仰

女真族

八旗

十二世紀南宋時的金國，是女真人的祖先。明朝時，女真分為建州、海西、野人三族，努爾哈赤便屬於建州一族。漢化程度高的，稱為熟女真，漢化程度低的，則稱為生女真。努爾哈赤建國號為後金，就是接續祖先建立的金國的意思。

八旗制度是努爾哈赤建立的一種軍政制度。他將女真人分為八部，平時生產，戰時出征。本來八旗沒有種族界線，後來組織擴大，又加入了漢人與蒙古八旗。清朝前期，八旗軍是極強大的軍事力量，到後期因為生活驕奢而逐漸衰敗。

滿人發源於中國東北，到處都是高山、大河、森林、白雪。努爾哈赤在這裡建立起一座座都城，把族人聚集起來

永陵是努爾哈赤家族的傳統墓地，位於遼寧省赫圖阿拉附近，又稱興京陵。永陵先後埋葬了努爾哈赤的祖父、父親、伯叔，與其配偶們的遺骨。2004 年，長年居住臺灣的皇族遺老愛新覺羅毓鋆回鄉整頓永陵，不久後名列世界文化遺產之一。

寧遠，明朝屬於遼東都指揮司寧遠衛，今屬遼寧省葫蘆島市。寧遠城建城，是目前保存最完整的明朝古城，也是明朝遼西走廊的邊防重鎮，扼守通往山海關的道路。四周角樓可以布置大炮，袁崇煥駐守時，就是在此處用紅夷大炮擊退努爾哈赤。

寧遠

永陵

黑龍江發源於蒙古，是中國與俄羅斯的邊界，世界十大河流之一。明朝時，海西女真人居住於海西（今松花江東）到黑龍江一帶，包含葉赫、哈達、烏拉、輝發四大部，是努爾哈赤開創後金之前最大的敵人。下圖為黑龍江七臺河桃山水庫暮色。

黑龍江

相關的地方

TOP PHOTO

赫圖阿拉

赫圖阿拉又稱「興京」，是「橫崗」的意思，故址在今日遼寧省新賓縣滿族自治區。努爾哈赤在此先建立城堡，之後建立後金，便將此地定為首都。這裡是努爾哈赤發跡的地方，也是滿族人的發源地之一。

瀋陽

瀋陽，又稱盛京、奉天，是中國東北地區的政經文化核心之一。努爾哈赤在取得瀋陽之後，決定將首都改遷到瀋陽。他開始在此修建皇宮，留下了現在所見的世界文化遺產之一「瀋陽故宮」。因為他在瀋陽住了一年多便去世，修築工程大部分要到皇太極手上才完成。

福陵

TOP PHOTO

建州三衛

建州三衛是明朝在女真聚集區域所設立的三個地方軍政機構，指揮官由女真人世襲，是明朝軍事制度衛所制的一部分。三衛分別是建州衛、建州左衛、建州右衛，北至圖們江，東南至鴨綠江與朝鮮接壤，西至開原，努爾哈赤則屬於建州左衛。後金建立之後，這三衛便名存實亡了。

福陵位於瀋陽市東北郊區，與昭陵、永陵並列為盛京三陵之一。努爾哈赤與后妃葉赫那拉氏、博爾濟吉特氏的遺體便埋葬在此。努爾哈赤去世時，還沒建好陵墓，所以並未下葬。直到努爾哈赤過世三年後才選定陵墓位址，一直到順治八年才大致完工。

努爾哈赤

努爾哈赤的父親顯祖塔克世共生了五個兒子，努爾哈赤排行第一。母親是宣皇后喜塔拉氏，她懷了十三個月的身孕，才生下努爾哈赤。

努爾哈赤的外表生得雄壯高大，說話的聲音像洪鐘一般，但個性卻沉著穩重，而且頭腦聰明，讀過的文章、書籍，都能牢牢的記在腦海裡。他有遠大的志向，為了完成志向，所以很有氣度的延攬各類人才。

有一次，明朝總兵李成梁帶兵攻打古勒城。古勒城主阿太章京的妻子是塔克世的姪女，努爾哈赤的祖父聽了到這個消息，帶著努爾哈赤的父親塔克世和努爾哈赤兄弟趕到古勒城，想把阿太章京的妻子接出來。

李成梁本來就對努爾哈赤的祖父、父親的才能出眾和深得人心感到嫉妒，只是一直找不到殺他們的藉口。既然他們前來自投羅網，就一併把這兩個心腹大患除去，努爾哈赤和弟弟被李成梁收留，充當僕役。

太祖儀表雄偉，志意闊大，沈幾內蘊，發聲若鐘，睹記不忘，延攬大度。——《清史稿·太祖本紀》

李成梁看出努爾哈赤的資質不凡，稟賦過人，一方面愛惜他，另一方面也防範著他。後來，李成梁想到自己殺了努爾哈赤的祖父和父親，雖然他聲稱是誤殺，擔心努爾哈赤不相信，也擔心努爾哈赤有一天會報仇，決定把努爾哈赤也殺了，以絕後患。

李成梁的二夫人很喜歡努爾哈赤，認為李成梁已經殺了他的祖父和父親，還要殺努爾哈赤，實在太過分。她於心不忍，就偷偷的把努爾哈赤放了。傳說她為此被盛怒的李成梁殺了，亦有傳說指出她是自盡。

由於李成梁的二夫人放走了努爾哈赤，因而成就了後來滿清帝國的大業——努爾哈赤殺了尼堪外蘭，為祖父和父親報了仇。往後的數十年間，他逐漸強大，不但逐一收服了女真部落，更建立了「後金」，為之後的滿清皇朝奠下了基礎。

入遼陽。遼人具乘輿鼓樂迎上，夾道呼萬歲。命皇子
德格類徇遼以南，所至迎降，兵宿城上，不入民舍。

——《清史稿·太祖本紀》

　　明朝萬曆四十四年，也就是公元 1616 年時，努爾哈赤在赫圖
阿拉被尊為「覆育列國英明汗」，定國號「後金」，並要「四貝勒」
和「五大臣」秉志公誠，勵精圖治。

　　兩年後，努爾哈赤以明朝「殺害他的祖父和父親」、「欺壓建
州女真卻偏袒葉赫和哈達女真」、「強令努爾哈赤抵償他所殺的越
界人命」、「出兵保護葉赫」、「支持葉赫背信棄義」、「逼迫努
爾哈赤退出已開墾的地區」、「派蕭柏芝到建州作威作福」七件事
為藉口，頒布了七大恨，起兵反明。

　　不久，努爾哈赤出兵討伐葉赫。明朝經略楊鎬派遣使者前來要
求停止出兵，努爾哈赤沒答應。楊鎬率領

二十萬大軍來攻打，努爾哈赤掌握有利戰機，集中兵力迎敵，大破明軍，取得決定性的勝利。

　　他又大舉出兵，用船載著武器，從渾河而下，進攻瀋陽。雖然瀋陽的防禦非常完備，但還是被他攻下。努爾哈赤又乘勝進攻遼陽，雖然明朝的守將頑強抵抗，但依然抵擋不了，紛紛死在戰場上。努爾哈赤進城後，受到人民的歡迎。接著，他又命令皇子德格類繼續攻打遼陽以南地區，所到之處，明兵紛紛投降。德格類下令士兵夜宿在城樓之上，不准進入民舍，避免打擾百姓。

　　之後，努爾哈赤繼續領兵進攻明朝的寧遠，卻被袁崇煥的一萬守軍打得落花流水，大敗而歸。努爾哈赤縱橫天下數十年，第一次嘗到了慘敗的滋味，甚至還在戰鬥中受了重傷。這是明清多次交戰中，明軍首次取得勝利，讓袁崇煥威震遼東。

　　同年，努爾哈赤因身染重病，不幸去世，在位的時間，只有十一年，他的後人繼續征戰，終於建立了統治中國的滿清帝國。

額亦都

　　額亦都小的時候，父母被仇家殺害了，他因為躲在鄰村，因而逃過一劫。

　　十三歲那一年，他親手殺了殺害父母的仇人，然後投靠到嘉木瑚寨的姑姑家。他的姑丈是嘉木瑚寨的寨主，有一個比額亦都大兩歲的兒子，和額亦都感情很好，兩個人總是玩在一起，度過了少年時代。

　　努爾哈赤被李成梁的妻子放走，回建州途中，經過嘉木瑚寨，遇到了額亦都，兩個人一見如故，十分談得來。額亦都很欣賞努爾哈赤的領袖氣度，決定要成為努爾哈赤的部下，一起闖天下。但是，額亦都的姑姑不放心，不同意他隨努爾哈赤出走。

　　額亦都告訴姑姑：「大丈夫活在世間，就要闖出一番轟轟烈烈的大事業，怎麼能庸庸碌碌的活到終老？我這

有尼堪外蘭者，誘阿太開城，明兵入殲之，二祖皆及於難。太祖及弟舒爾哈齊沒於兵間，成梁妻奇其貌，陰縱之歸。途遇額亦都，及其徒九人從。

——《清史稿·太祖本紀》

次隨努爾哈赤出走，絕不會做出讓姑姑為難的事！」然後，和九名手下成了努爾哈赤的部下，一路跟隨著努爾哈赤。這一年，額亦都十九歲，努爾哈赤二十二歲。

額亦都跟了努爾哈赤後，一直沒有與努爾哈赤分開過，還成為努爾哈赤最得力的部將。他一生打了無數次戰役，滿洲鑲黃旗在他的帶領下，個個都是虎將，而他也被明朝稱為「大虎」。

在戰場上，額亦都不僅勇猛善戰，領導能力也很強，因此常常打勝仗。獲得賞賜時，總是把財物分給有功的將士，頗得將士們的敬重。後來還與費英東、何和里、扈爾漢，安費揚古四人被努爾哈赤命為「開國五大臣」，和努爾哈赤一起同聽國政。

天命四年，明朝經略楊鎬率領二十萬大軍，分四路前來攻打，額亦都和貝勒們率兵抵抗，在薩爾滸大破明軍，官位一直升到總兵官、一等大臣。

六月，左翼總兵官，一等大臣額亦都卒，上臨奠，哭之慟。秋七月壬寅，宴有功將士，酌酒賜衣。

──《清史稿‧太祖本紀》

　　天命六年三月，額亦都跟隨努爾哈赤兵攻下瀋陽和遼陽。六月，這位左翼總兵官、一等大臣因病去世，享年六十歲。努爾哈赤到額亦都靈前祭拜時，悲傷得不能自已。同年七月，努爾哈赤設宴犒勞瀋陽、遼陽兩戰的有功將士。

　　額亦都不僅是努爾哈赤的好朋友，更是努爾哈赤得力的左右手。努爾哈赤先將一個族妹嫁給額亦都，後來又把公主嫁給額亦都為妻，所以努爾哈赤和額亦都之間，還有著翁婿的關係。

　　細數額亦都跟隨努爾哈赤的四十一年，用「鞠躬盡瘁，死而後已」形容，實在再適合不過。他先協助努爾哈赤

殺了尼堪外蘭以報仇，接著又隨努爾哈赤東征西討，收服了哈達、輝發、烏拉和葉赫等女真各個部落。最後，再一同展開討伐明朝的大業。

在諸多大大小小的戰役中，額亦都都是身先士卒，領兵衝鋒。而在努爾哈赤收服女真各部落，以及討伐明朝的各場戰役中，額亦都幾乎不曾缺席過任何一場，而且還立下不少的汗馬功勞，努爾哈赤也因而將他視為不可或缺的重臣。

由於額亦都輔助努爾哈赤四十一年，戰績彪炳，功不可沒。因此，在他罹患重病時，努爾哈赤親自前去探視，並哭著與額亦都訣別。當額亦都去世後，努爾哈赤又先後三次到靈前致哀、痛哭，足見兩人情誼的深厚！

額亦都的幾個兒子也都戰功顯赫，英名遠播，子孫們也都擔任滿清皇朝的要職，為清朝的建立，立下了不可抹滅的功勞！

李成梁

　　李成梁的爺爺是朝鮮人，歸附明朝後，擔任鐵嶺衛指揮僉事一職。明朝的武官採世襲制，他的父親也擔任了很長一段時間的指揮僉事。到了李成梁這代，卻沒有繼承指揮僉事的職位，因為他窮到連去繼承的路費都沒有。

　　雖然李成梁有大將之才，真正被重用，卻是在四十歲之後。遼東巡撫御史非常器重他，出錢資助，他才能擔任祖、父傳下來的職位。之後，李成梁在戰役中立了許多功勞，不斷的升官，一直升到遼東副總兵。

　　當時，遼東地區時常遭到侵犯，明朝的守將相繼戰死。遼東總兵王治道死後，李成梁被任命為代理總兵，他招募各方勇士，抵抗蒙古和女真各部落的侵犯，軍威也逐漸響亮起來。

　　明穆宗期間，李成梁主要和蒙古部落作戰，由於戰功顯赫，晉升為遼東總兵。到了明朝萬曆時，李成梁已經「師出必捷，威震絕域」了，遼東地區築成一道堅固的屏障。

高祖英自朝鮮內附，授世鐵嶺衛指揮僉事，遂家焉。
成梁英毅驍健，有大將之才。家貧，不能襲職。

—《明史·李成梁傳》

　　李成梁所以能「師出必捷，威震絕域」，他的帶兵方式
是主要原因之一。他依仗個人的威望與感召力帶兵，對於有
功勞的將士兵卒，賜給很豐厚的獎賞，並且以給予榮華富貴
來激勵士氣，因而他的部屬個個都驍勇善戰。

　　李成梁對付女真部落的策略，一方面「以夷制夷」──
拉攏一個部落，攻打另一個部落；另一方面，則給敵人留條
後路，以便自己隨時有仗可打，有功可立。因此戰功不斷，
官階直升。

　　當時，自清河以南到鴨綠江口地區，屬於建州衛，由女
真部落控制。建州勢力強大後，成為明朝邊防的一個威脅。
李成梁先討伐建州，再將另一個女真部落首領逐出塞北，又
出兵攻打古勒城，殺了努爾哈赤的祖父、父親。此舉也埋下
日後努爾哈赤報仇、率兵抵抗明朝的種子。

貴極而驕，奢侈無度。軍貲、馬價、鹽課、市賞，歲乾沒不貲，全遼商民之利盡籠入己。

——《明史·李成梁傳》

　　李成梁聲勢顯赫之際，也開始腐敗起來，他貴極而驕、奢侈無度，侵吞了軍費、課稅，全遼商民的利益都進了他的口袋，還賄賂權士、虛報戰功，連他的孩子們也都賣弄權力，享受榮華。為此，李成梁遭到言官的彈劾而罷官。

　　李成梁去職後，遼東找不到一個可以勝任總兵的人，短短十年內，就更換了八個人。李成梁的兒子李如松也曾擔任遼東總兵，卻在戰役中陣亡。眼見遼東的局勢不樂觀，在大學士沈一貫的建議下，李成梁復出再次擔任遼東總兵一職，此時，他已經七十六歲。

　　李成梁復出後，遼東地區已不如以往了，建州女真在努爾哈赤的領導下，日益壯大，讓各個部

落畏懼，實力難以撼動。李成梁只好改變策略，轉攻為守，將當地的居民遷到內地，留出一塊利於攻防的地區，遏止女真的入侵。

在此之前，由於建州女真不斷侵犯邊境，明朝為了加強對建州女真的防禦和控制，採納李成梁的建議，修築了「寬甸六堡」。六堡位在鴨綠江以西，和建州女真相連，是防禦女真的堡壘。但六堡也像一座高牆，阻隔了明朝與另一邊的努爾哈赤，當努爾哈赤在另一邊蓄勢強大時，明朝這邊卻得不到任何相關的訊息。

李成梁再次出任遼東總兵時，正是努爾哈赤準備向明朝宣戰的時候。李成梁看到了努爾哈赤的崛起，便向朝廷報告：「寬甸六堡是塊孤地，難以防守。」於是，明朝廢了六堡，李成梁還動用武力將居民強制遷離，造成許多死傷。努爾哈赤逮著這個機會，獲得這片軍事要地，才能成就後來的霸業。

李成梁晚年時和努爾哈赤往來甚密，曾經有藉努爾哈赤的兵力，侵襲朝鮮自立的野心。也由於李成梁廢了六堡，讓努爾哈赤能在遼東崛起，成就了日後滿清霸業的基礎。

皇太極

　　皇太極是努爾哈赤的第八個兒子，母親是葉赫那拉氏。

　　皇太極生得眉清目秀，行事穩健，舉止端莊，而且聰明伶俐，過目不忘，和他的父親努爾哈赤極為相像。他出生時，努爾哈赤正忙著收服女真各部落的事業，當兄長們跟著父親長年累月的出征作戰時，皇太極已經開始學習獨當一面了，許多事情不用父親操心、指導，他就能做得很出色，所以努爾哈赤很疼愛他。

　　皇太極十二歲那年，生母葉赫那拉氏生病去世了，他跟著父親和兄長們迅速的成長。他向父親學習騎馬射箭，練得體格健壯，武功高強。他文武兼備的才能，讓他日後接替努爾哈赤的帝位時，一方面對內能決斷政事，一方面對外能征戰討伐，又善於謀略打仗，削弱了明朝的實力，也是之後滿清能成功入關的關鍵。

　　皇太極早期比較大的軍事行動，就是對烏拉作戰。當努爾哈赤

太宗允文允武，內修政事，外勤討伐，用兵如神，所向有功。 ——《清史稿‧太祖本紀》

決定出兵征討時，皇太極也隨著軍隊出征。兩軍對峙了三天，皇太極和哥哥莽古爾泰耐不住性子，想立刻過河進攻。努爾哈赤很有耐心的指導對兩兄弟：「砍伐大樹的時候，要用斧頭一次一次的砍，才能漸漸把樹砍斷。對付像烏拉這樣的強敵，怎能急著立刻就想將他打敗？要將他的城寨一一攻破，最後才能消滅他。」

後來，在努爾哈赤的指揮下，他們逐一攻破了烏拉的一些城寨。而努爾哈赤的「砍大樹」之說，對皇太極後來與明朝的作戰，產生了深遠的影響。

天命元年，努爾哈赤定國號為「後金」時，命代善為大貝勒、阿敏為二貝勒、莽古爾泰為三貝勒，而皇太極則為四貝勒，協同「五大臣」，一起展開討伐明朝的大業。

大貝勒代善議師行所向。四貝勒皇太極言：「宜趨界凡，我有築城萬五千人，役伕多而兵少，慮為所乘。」。——《清史稿·太祖本紀》

　　明經略楊鎬率領二十萬大軍來攻打努爾哈赤，大貝勒代善建議軍隊應該朝哪個方向行進。四貝勒皇太極說：「應該往界凡方向走，我們雖然有一萬五千人，但是從事勞役的人多，作戰的兵很少，要小心遭敵方乘隙而攻。」

　　努爾哈赤接受了皇太極的建議，大軍往界凡方向走，後來終於大破明軍——皇太極的建議，證明了他是一個智勇雙全的人才。

　　後金天命十一年，努爾哈赤領兵進攻明朝的寧遠，遭到守將袁崇煥以西洋炮攻擊，傷亡慘重，久攻不下。努爾哈赤因病去世後，皇太極繼位。為了替父親報仇，他繼續領兵和袁崇煥作戰，卻吃了敗仗。後來，他設下計謀，讓明朝崇禎皇帝誤以為袁崇煥與後金密

謀。袁崇煥因而下獄，八個月後，袁崇煥就過世了。

　　皇太極即位後，曾多次領兵向南邊的明朝侵略。在第一次南侵時，皇太極誘使明朝皇帝將袁崇煥處死，讓明朝失去一員大將，加速滅亡的腳步。除此，他為了增強軍力，還仿製西洋大炮，建立了炮兵部隊。

　　崇德元年，皇太極將國號「後金」改為「大清」，並改年號為「崇德」。他是大清帝國的實際建立者，也是大清帝國的開國皇帝。

　　隔年，皇太極率軍征討不服從後金統治的朝鮮，迫使朝鮮臣服。從此，朝鮮成為清朝的藩屬。四年後，他又帶病領兵去支援松錦之戰，在松山大敗明軍，將明朝大將洪承疇俘虜——這場戰役為後來清朝消滅明朝、統一中國，立下了基礎。

　　崇德八年八月，皇太極突然去世，享年五十二歲。由於他生前沒有冊立繼承人，他的弟弟多爾袞和長子豪格搶著爭位，甚至以兵力相互示威。最後，多爾袞擁福臨——清世祖即位。

當清太祖的朋友

　　清朝是中國歷史上最長壽的朝代之一，想了解這個輝煌璀璨的朝代，就不能不知道它的奠基者──努爾哈赤。

　　努爾哈赤是女真族，他在明朝的警戒下，統一各個女真部落。接著，他率領女真崛起，建立了後金。而他的後人，繼承他所開創的根基，消滅了明朝，建立起統治中國近三百年的王朝。

　　努爾哈赤的聰明膽識，與他為報父仇的執著，讓他能一步步壯大自己的勢力，進而與明朝軍隊匹敵。當他崛起之前，他並不因為自己勢單力薄而畏畏縮縮，因為他信賴著忠心的好友額亦都等人，他擁有比武器軍力還堅強的後援。

　　當努爾哈赤的朋友，你可以看到他沉著勇敢的一面。你可以看到他雖然在戰亂中失去了家人，自己也遭受俘虜，卻大難不死。而這樣的遭遇，也成為他日後統一女真、攻打明朝的開端。

　　當努爾哈赤的朋友，你也會看到他對於老友的一片真心。他並不是高高在上、難以親近的首領，他珍視過去與老友們一同奮鬥戰爭的回憶，他知道沒有那些朋友並肩作戰，也許他無法與明朝抗衡。所以，他才會在聽到朋友一個個離世後，忍不住真情流露，哭著悲嘆沒有人能陪他到老。

　　當努爾哈赤的朋友，你也會替他難過。他總是忙著征戰，急著想反抗明朝，建立自己強大的政權。然而，他的心願尚未完成之前，他就含恨過世了。可惜的是，他無法看到未來。他的子孫，繼承了他建立的偉業，開創了光輝的盛世。

我是大導演

看完了清太祖的故事之後，
現在換你當導演。
請利用紅圈裡面的主題（女真），
參考白圈裡的例子（例如：後金），
發揮你的聯想力，
在剩下的三個白圈中填入相關的詞語，
並利用這些詞語畫出一幅圖。

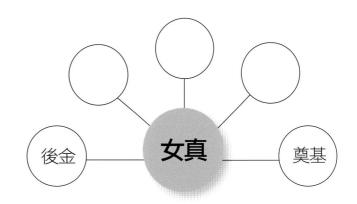

◎ 少年是人生開始的階段。因此，少年也是人生最適合閱讀經典的時候。

因為，這個時候讀經典，可以為將來的人生旅程準備豐厚的資糧。

因為，這個時候讀經典，可以用輕鬆的心情探索其中壯麗的天地。

◎ 【經典少年遊】，每一種書，都包括兩個部分：「繪本」和「讀本」。

繪本在前，是感性的、圖像的，透過動人的故事，來描述這本經典最核心的精神。

小學低年級的孩子，自己就可以閱讀。

讀本在後，是理性的、文字的，透過對原典的分析與說明，讓讀者掌握這本經典最珍貴的知識。

小學生可以自己閱讀，或者，也適合由家長陪讀，提供輔助說明。

001 黃帝　遠古部落的共主
The Yellow Emperor:The Chieftain of Ancient Tribes
故事／陳昇群　原典解說／陳昇群　繪圖／BIG FACE

遠古的黃河流域，衰弱的炎帝，無法平息各部族的爭戰。在一片討伐、互鬥的混亂局勢裡，有個天生神異，默默修養自己的人，正準備崛起。他，就是中華民族共同的祖先，黃帝。

002 周成王姬誦　施行禮樂的天子
Ch'eng of Chou:The Establishment of Chinese Etiquette
故事／姜子安　原典解說／姜子安　繪圖／簡漢平

年幼即位的周成王，懷抱著父親武王與叔叔周公的期待，與之後繼位的康王，一同開創了「成康之治」。他奠定了西周的強盛，開啟了五十多年的治世。什麼刑罰都不需要，天下無事，安寧祥和。

003 秦始皇　野心勃勃的始皇帝
Ch'in Shih Huang:The First Emperor of China
故事／林怡君　原典解說／林怡君　繪圖／LucKy wei

綿延萬里的長城、浩蕩雄壯的兵馬俑，已成絕響的阿房宮……這些遺留下來的秦朝文物，代表的正是秦始皇的雄心壯志。但是風光的盛世下，卻是秦始皇實行暴政的證據。他在統一中國時，也斷送了秦朝的前程。

004 漢高祖劉邦　平民皇帝第一人
Kao-tsu of Han:The First Peasant Emperor
故事／姜子安　故事／姜子安　繪圖／林家棟

他是中國第一個由平民出身的皇帝，為什麼那麼多人都願意為他捨身賣命？憑什麼他能和西楚霸王項羽互爭天下？劉邦是如何在亂世中崛起，打敗項羽，成為漢朝的開國皇帝？

005 王莽　爭議的改革者
Wang Mang:The Controversial Reformer
故事／岑澎維　原典解說／岑澎維　繪圖／鍾昭弋

臣民都稱呼他為「攝皇帝」。因為他的實權大大勝過君王。別以為這樣王莽就滿足了，他覬覦的可是真正的君王寶位。於是他奪取王位，一手打造全新的王朝。他的內心曾裝滿美好的願景，只可惜最終變成空談。

006 北魏孝文帝拓跋宏　民族融合的推手
T'o-pa Hung:The Champion of Ethnic Melting
故事／林怡君　原典解說／林怡君　繪圖／江長芳

孝文帝來自北魏王朝，卻嚮往南方。他最熱愛漢文化，想盡辦法要讓胡漢兩族的隔閡減少。他超越了時空的限制，不同於一般君主的獨裁專制，他的深思遠見、慈悲寬容，指引了一條民族融合的美好道路。

007 隋煬帝楊廣　揮霍無度的昏君
Yang of Sui:The Extravagant Tyrant
故事／劉思源　原典解說／劉思源　繪圖／榮馬

楊廣從哥哥的手上奪走王位，成為隋煬帝。他也從一個父母眼中溫和謙恭的青年，轉而成為嚴格殘酷的帝王。這個任意妄為的皇帝，斷送了隋朝的未來，留下昭彰的惡名，卻也樹立影響後世的功績。

008 武則天　中國第一女皇帝
Wu Tse-t'ien:The only Empress of China
故事／呂淑敏　原典解說／呂淑敏　繪圖／麥震東

她不只想當中國第一個女皇帝，她還想開創自己的朝代，把自己的名字深深的刻在歷史的石碑上。她還想改革政治，找出更多人才為國家服務。她的膽識、聰明與自信，讓她註定留名青史，留下褒貶不一的評價。

◎ 【經典少年遊】，我們先出版一百種中國經典，共分八個主題系列：
詩詞曲、思想與哲學、小說與故事、人物傳記、歷史、探險與地理、生活與素養、科技。
每一個主題系列，都按時間順序來選擇代表性的經典書種。

◎ 每一個主題系列，我們都邀請相關的專家學者擔任編輯顧問，提供從選題到內容的建議與指導。
我們希望：孩子讀完一個系列，可以掌握這個主題的完整體系。讀完八個不同主題的系列，
可以不但對中國文化有多面向的認識，更可以體會跨界閱讀的樂趣，享受知識跨界激盪的樂趣。

◎ 如果說，歷史累積下來的經典形成了壯麗的山河，那麼【經典少年遊】就是希望我們每個人
都趁著年少，探索四面八方，拓展眼界，體會山河之美，建構自己的知識體系。
少年需要遊經典。
經典需要少年遊。

009 唐玄宗李隆基　盛唐轉衰的關鍵
Hsuan-tsung of T'ang: The Decline of the T'ang Dynasty
故事／呂淑敏　原典解說／呂淑敏　繪圖／游峻軒

他開疆闢土，安內攘外。他同時也多才多藝，愛好藝術音樂，還能譜曲演戲。他就是締造開元盛世的唐玄宗。他創造了盛唐的宏圖，卻也成為國勢衰敗的關鍵。從意氣風發，到倉皇逃難，這就是唐玄宗曲折的一生。

010 宋太祖趙匡胤　重文輕武的軍人皇帝
T'ai-tsu of Sung: The General-turned-Scholar Emperor
故事／林哲璋　原典解說／林哲璋　繪圖／劉育琪

從黃袍加身到杯酒釋兵權，趙匡胤抓準了時機，從軍人成為實權在握的開國皇帝。眼見藩鎮割據的五代亂象，他重用文人，集權中央。他開啟了平和的大宋時期，卻也為之後的宋朝埋下被外族侵犯的隱憂。

011 宋徽宗趙佶　誤國的書畫皇帝
Hui-tsung of Sung: The Tragic Artist Emperor
故事／林哲璋　原典解說／林哲璋　繪圖／林心雁

他不是塊當皇帝的料，玩物喪志的他寧願拱手讓位給敵國，只求能夠保全藝術珍藏。宋徽宗的多才多藝，以及他的極致享樂主義，都為我們演示了一個富有人格魅力，一段段充滿人文氣息的小品集。

012 元世祖忽必烈　草原上的帝國霸主
Kublai Khan: The Great Khan of Mongolia
故事／林安德　原典解說／林安德　繪圖／AU

忽必烈——草原上的霸主！他剽悍但不霸道，他聰明而又包容。他能細心體察冤屈，揚善罰惡；他還能珍惜人才，廣聽建言。他有著開闊的胸襟和寬廣的視野，這個馳騁草原的霸主，從馬上建立起一塊遼遠的帝國！

013 明太祖朱元璋　嚴厲的集權君王
Hongwu Emperor: The Harsh Totalitarian
故事／林安德　原典解說／林安德　繪圖／顧珮仙

從一個貧苦的農家子弟，到萬人臣服的皇帝，朱元璋是怎麼辦到的？他結束了亂世，將飽受戰亂的國家，開創另一個新局？為什麼歷史評價如此兩極，既受人推崇，又遭人詬病，究竟他是一個好皇帝還是壞皇帝呢？

014 清太祖努爾哈赤　滿清的奠基者
Nurhaci: The Founder of the Ch'ing Dynasty
故事／李光福　原典解說／李光福　繪圖／蘇偉宇

要理解輝煌的清朝，就不能不知道為清朝建立基礎的努爾哈赤。他在明朝的威脅下，統一女真部落，建立後金。當他在位時期，雖然無法成功消滅明朝，但是他的後人創立了清朝，為中國歷史開啟了新的一頁。

015 清高宗乾隆　盛世的十全老人
Ch'ien-lung: The Great Emperor of the Golden Age
故事／李光福　原典解說／李光福　繪圖／唐克杰

乾隆在位時期被稱為「康雍乾盛世」，然而他一方面大興文字獄，一方面還驕傲的想展現豐功偉業，最終讓清朝國勢日漸走下坡。乾隆讓我們看到了輝煌與鼎盛，也讓我們看到盛世下的陰影，日後的敗因。

經典
少年遊

youth.classicsnow.net

014
清太祖努爾哈赤　滿清的奠基者
Nurhaci
The Founder of the Ch'ing Dynasty

編輯顧問（姓名筆劃序）
王安憶　王汎森　江曉原　李歐梵　郝譽翔　陳平原
張隆溪　張臨生　葉嘉瑩　葛兆光　葛劍雄　鄭培凱

故事：李光福
原典解說：李光福
繪圖：蘇偉宇
人時事地：李忠達

編輯：張瑜珊　張瓊文　鄧芳喬
美術設計：張士勇
美術編輯：顏一立
校對：陳佩伶

企畫：網路與書股份有限公司
出版者：大塊文化出版股份有限公司
台北市10550南京東路四段25號11樓
www.locuspublishing.com
讀者服務專線：0800-006689
TEL：+886-2-87123898
FAX：+886-2-87123897
郵撥帳號：18955675
戶名：大塊文化出版股份有限公司
法律顧問：全理法律事務所董安丹律師

總經銷：大和書報圖書股份有限公司
地址：新北市新莊區五工五路2號
TEL：+886-2-8990-2588
FAX：+886-2-2290-1658
製版：沈氏藝術印刷股份有限公司

初版一刷：2013年2月
定價：新台幣299元